LA IDEA DE SÍ

LA IDEA DE SÍ

RAQUEL LÓPEZ LILLO

Valparaíso
EDICIONES

Número 535 de la Colección VALPARAÍSO DE POESÍA
dirigida por FEDERICO DÍAZ-GRANADOS

Diseño de colección y portada: Chari Nogales

Primera edición: noviembre de 2025

© Valparaíso Ediciones
   C/ Fray Leopoldo, 7 bajo, 18014 Granada
   www.valparaisoediciones.es

   ISBN: 979-13-88007-15-6
   Depósito Legal: GR 1594-2025

   Impreso en España - *Printed in Spain*
   Gráficas Gami

LA IDEA DE SÍ

A quienes sostienen los sueños

I. DULCES MÁRGENES

I

Años de estudio me hicieron intérprete
de lo sutil y del contexto
Sin aquel presagio de camino y piedras
pulidas por la vista detenida
no se entendería ahora que busque
entre las líneas del silencio
un discurso exagerado de flores
y hojas y pasto recién cortado

II

Qué patria me puede pertenecer
que no sea un silencio de barro
en el que hundir poco a poco mis dedos
hasta sentir que no los puedo mover

Me sentaba bajo los pinos
a acariciar mis pies sus agujas,
a inventar siluetas o voces
y a veces a bailar con el miedo

Me gustaba mirar a través
del cristal de los jarrones
y ver la luz diseccionada
en colores ahora ocultos

Pero sobre todo marcaba días
en un calendario inacabable
donde los nombres se negaban
las pocas consonantes comunes

Es solo una parte de la historia
tan cierta como falsa
y mi memoria de entonces
no es más que resina que
todavía levanta mi piel

III

Todos los toldos de mi calle eran verdes
y tras los toldos las casas las vajillas
estaban huérfanas de algún plato que
en un momento de rabia fue lanzado

En mi calle todos los hombres tosían
y al toser escupían con estruendo
No se esperaba una sonrisa ser débil
era un pecado y éramos creyentes

A los niños se les gritaba y los niños
no eran como yo éramos distintos
Mis padres nunca me llamaban a gritos
A veces el silencio era un castigo

No todo era orín sordidez basura
También había quien iba a trabajar
muchos para otros que no madrugaban
Mujeres con el tinte hecho en casa

Los coches se aparcaban fuera sin miedo
porque el miedo era un privilegio ajeno
y decoraban las persianas de metal
perdones y declaraciones en spray

Las casas eran todas de caravista
y se rozaban como un par de bocas nuevas
en el instante previo a besarse donde
puedes oler en el aliento otro nombre

Dentro dormían los patios interiores
llenos de cuerdas también verdes en que
sostenes de mercadillo se tendían
bajo la luz tamizada al mediodía

Los perros atados esquivaban los restos
de otros perros que llegaron antes que ellos
Los gatos heredaron de Juanita cuando murió
y su funeral coincidió con el de mi infancia

IV

Hace años que la enfermedad hace las camas en mi casa:
por las noches, al acostarnos, el colchón
huele a alcohol y entonces viene ella
a dar su riguroso beso
de buenas noches y promesa

No hay mañana que no quiera
mirarnos a los ojos, relamiéndose
al apretar sus dedos contra nuestra agenda
con miel corrupta que escapa
de uñas amarillas y apagadas

El olor es reconocible, como su peso lo es
en los pies cuando llueve
He comprado sábanas nuevas
con los padrenuestros que ahorré de pequeña
Espero que no se entere y poder regalarte
telas limpias que te cubran de consuelo

V

Soy la lumbre extinta
y el pábilo mojado
La tierra hecha estrías
y la náusea en el margen
La vergüenza o el pudor
y el pulso en la garganta

Soy todo lo que no merece
el hueco de tu pecho,
aquel que se clavaba
en la ceniza de mi lengua
y que nunca entendió
porque no imaginaba

Aquel que me recuerda
que no hay dignidad
en quien escucha el grito
ni en quien descuelga al ahorcado
ni en quien remienda el bolsillo
ni en quien se piensa a salvo

VI

Un verano sin días decidiste
coger mis pasos como presente
y guiarlos hasta la salida;
para observarlos desde abajo,
desde cada ángulo, sin prisa;
para levantarlos sobre el agua
y caer de espaldas en ella;
para hacerlos tropezar con tu risa
y luego enderezar mis piernas

Pero aún quedaban bosques
en los que soñar que dormía
y me despertaba flotando,
así que me pregunté
quién necesitaba manos
si se podía vivir sin pies
y te las di a ti también,
hasta quedarme sin recuerdos
ni intenciones pálidas

Me perdí en la orilla
ahogándome en la arena
solo porque veía el agua
y a ti lejos, muy lejos,
tanto que mi piel se secaba
y se cubría de arrugas
legibles en otro idioma
que mi lengua imitaba
como un perro a su amo

Y acabé por sentirme apenas
como los niños que esperan
en la puerta del colegio
a los padres que no llegan
Como quien besa la frente
del familiar recién muerto
y el frío les coge por sorpresa
Como quien camina solo
en otro país y descubre
que no es nadie entre los cuerpos

Como la pinza que tira hacia arriba
de nuestros estómagos ante el miedo
de ver desaparecer esos y más cuerpos
en el horizonte
como moscas contra la ventana
como la presa desangrada
que agoniza y se aclama
al dueño de los dientes
que le llevan de paseo

¿Cuántos pasos, cuántos pies
o incluso manos tienes ahora?
Te vi caminar descalzo
sobre cristales y salir ganando
Te vi enseñar al viento
las encías grises mientras reías
Te vi proclamar por qué
nunca debemos confiar una huella
tan breve de vida

VII

La indulgencia es un perfume
que dispuse hace tiempo
en un frasco, a fermentar

Buscaba en ella un reflejo
que me rodeara los hombros,
meciéndome mientras encendiera
mis cigarrillos entre sus labios

Procuré durante años esperar,
pero mis dedos con prisa
la viciaron en la indecisión
de abrir y cerrar arrepentida

Empiezo a pensar
que nunca la albergué
y a reconocer el error
como única esencia para mí

VIII

Asimilé el silencio como el cuchillo
que se hunde en la carne buscando el hueso
y dejé que hurgara en mí hasta vaciarme

¿Solo yo tiemblo ante la imagen
fundida y el cuerpo desnudo
de vida y tiempo?

¿Que ve la sombra en cada intento
de trascender y suscribir
palabras altas y blancas?

Siento que el fósforo predice
manchas en mis manos
que ocultaré como los niños

Y que en mis dedos no hay
posibilidad de disimulo
sino una única forma de gritar

IX

Vuelve la luz al altar
que amenazaba ruina
y en él florecen lazos,
y en él el viento
los agita,
los ensucia,
los apaga como apaga
el fuego en las pupilas
la edad que demuele

Tú, que me escuchas, dime
si es mejor buscar un abrigo
en una cueva de piedra frágil

X

Mientras busco y ruego
a una nube que sea
más dulce, más suave,
más blanca si puede,
se hace de noche y la noche
me envuelve en telas opacas

II. NUNCA SUPE HABLAR

XI

¿Qué no te daría
si haría un alfabeto solo para ti
aunque con él crearas palabras
solo para otros, muchos reflejos?

Aunque con él construyeras mundos
de muros gruesos y arcos de medio punto,
con ventanas minúsculas, huérfanas de luz,
por las que no cupiera mi brazo a tientas

Que, aunque ajena me supiera,
te viera vivo entre sus paredes
de letra y de tinta erigidas
por manos escuetas sin nombre

Porque saberte allí, limpio y alto,
entre sonidos que solo yo entendiera
sería suficiente contento
para mis palabras mudas

XII

De entre todo lo que ignoraba
fueron tus dientes el misterio
que más me intrigó mucho tiempo

Quizá por pudorosos o infrecuentes
a veces los veía claros y otros
los creía un campo sin flores

Llegué a intuir un hueco
de íntima y rosada quietud,
pero tan esquivo que aún dudo

si no fueron mis ojos de ayuno
los que proyectaron entonces
las reservas en tu boca

XIII

Una mujer levanta sus faldas sobre los charcos
Entre vapores surgen nombres
y entre los nombres se condensan
mis dedos torcidos y mis palmas secas

En la calle deja de llover
y por ti fingiré no querer fumar
Mientras, tus labios me llaman
a acurrucarme entre sus cadáveres

Ten, te regalo
una flor de ceniza y un terrón de azúcar
Busca en tus bolsillos dos monedas
y sácame a bailar

¿No prefieres dar un paseo?
En estos días me siento
como aquel viejo profesor
que ya lo dijo todo hace tiempo

Creo que ha sonado
Sí, parece que ha sonado
un tintineo mudo de luces
y las nubes te llevan

XIV

Si entre las cañas surge tu cara
y de ella cien perlas son
el barro de su tallo
¿Debo decir tu nombre por ello
y masticar sus hojas?

Si confundo la tórtola con el cuervo
y la noche cae vertida
sobre mis hombros cansados
¿Debo acurrucarme dócil
junto a tu sombra?

Y si mis dedos se pegan
resinosos a tus palabras
arrancadas tantas veces
¿Debo entonces abrazar
el reflejo imaginado?

XV

Hay un peso con tu apellido inscrito
en piedras apartadas bajo la luz azul
Me dan las buenas noches, siempre
solapadas con reflejos ausentes

Me impiden cumplir con los tiempos
que a tientas prescriben los brazos
que nombraron dulce la ortiga
y que ahora me cuelgan del talón

Apartar el peso es sencillo en apariencia:
tu huella es tenue y aun así la protejo
con recelo y en silencio, espero
que la puerta se cierre tras de mí

XVI

A veces parto mis piernas
y juego a deslizarme cuesta abajo
para que me veas y coincidir
en una fingida armonía

donde no preguntas por ellas
Un rastro de sangre
me delata entonces y corro
con un par de piernas nuevas

Me desnudo y no queda
muesca ni mella que delate
mis piernas recreadas
ni salpicaduras secas

Tus manos las reconocen
tibias como siempre
sin llaga ni señal
que indique otro impulso

Calladas me siguen lejos
de la carne apartada,
de brevísima presión vestida
por la constancia de la duda

A veces pienso que estos segundos
pasos rebrotados no son imperceptibles,
que al nombrarlos los dientes se carían,

y hoy he visto a mi mejor amigo decir
tu nombre con un diente menos

XVII

¿Qué hacer de la impaciencia
cuando limpia mi piel
de dudas y tibieza;

si baña mi cuerpo en miel
y agita las hojas en montes
que aún no he arrasado?

¿Qué busco entre las hojas
si conozco el arrepentimiento
como si fuera mi apellido?

¿Es por ello mejor entender
que escuchar el canto
de un pájaro que adolece?

¿Soy acaso quien creo
o solo la idea que dibujo
con los nervios de tus dedos?

XVIII

Creía que lo común era cierto;
que no había doblez
en la idea que soñaba,
que, aunque apenas insinuada,
quedaban rastros de niñez,
de nervio y de tenso trazo

O quizá de preocupación,
o simplemente el estrago
de la blancura que avariciosa
se aferra a lo convenido

Pero sucede lo contrario
y dos filas separadas
paralizan el camino
de niebla tierna

No comprendo el desdén
de la gasa blanca ante la herida
abierta al sol de la primera tarde

Ni el insulto en la inocencia
que, cobarde y sostenida,
todavía me aconseja

XIX

Cuántas veces puedes descubrir la herida indolente
si no hay nadie para ver hervir la espuma

Cuántos pasos pueden apresurarse hacia la puerta
porque ladees tu cuello de arenilla

Cuántos párpados esconden sabios
pupilas que acusan la vergüenza

Cuántos gestos se han ahogado
entre los huesos de tu mano izquierda

Cómo medir mejor la distancia necesaria
para ser borrosa y tangible a la vez

Cómo dejar al fin de correr
y convertirme en postigo fresco

Cómo fingir ser asilo siendo yo
el hambre sin dientes ni brillo

Cómo poder, simplemente, encontrar
la ternura cuando no hay presente

XX

Busqué en la madera una imagen
capaz de atrapar tu palabra
y la guardé con la esperanza
de quien encuentra un gorrión
herido y se cree capaz
de crecerle nuevas alas

Pero un gorrión no dura
demasiado entre las manos
y tu risa lo asustó al punto
de picar mis dedos y saltar
para esconderse en la madera
y deshacerse de sus alas

III. A VECES TODAVÍA

XXI

Los dientes de león flotan
hasta dar con tu cuerpo
como una tela de araña
virgen y pulcra,
como algodón en flor
que cubre tu piel
de nieve y germen

Y aunque en la orilla solo hay
hojas de encina,
idear flores amarillas
parece bastar para vestir
mi pelo limpio contra ti,
para fingir que no trepan
hormigas por nuestras piernas

El río intuye que no habrá mar
y se estanca bajo mis pies
y los besa consciente
de que se hace tarde,
y chapotea en mis labios
para forzar la sonrisa

Solo un corazón tan débil
puede arrugarse ante esta luz

XXII

Esta tarde de vuelo y conato
de lazos suaves y blancos,
nada parece alcanzar
para acercar tus pies a la hierba

Y te miro y descubro mis labios
chasqueando la lengua mientras
me susurran que no tema
que la suela ensucie la nieve

Y acabo sintiéndome tierna
como el trigo sin segar,
como el miedo a apagar
la luz a las tres de la mañana

XXIII

Negar los minutos es parte
del acuerdo irrescindible
y tu acuerdo se transparenta
con un olor de libro y nata,
como el olor de un jarrón
pendiente de vaciar

No me atrevo a pensarte
en la distancia que te viste
ni en las horas ni en los días
Solo me arriesgo a cubrir
tu recuerdo con paños
de lino tenso, empapados
con la memoria de tu cadencia

XXIV

Ojalá comprendiera por qué
el cielo me pareció estrecho
y las nubes las creyera azúcar

Desearía ser un ave sin habla
ni piernas ni conciencia
del tiempo o de mí

Y que tú no fueras sino
la rama en la que traerte
ofrendas de nido y sueño

Pero el cielo se ha ensanchado
y no soy más que lluvia huérfana
de las nubes apartadas

XXV

Oigo a lo lejos una mano
alisando las sábanas de la noche

Un frufrú que araña
mi vientre y la espalda
como un mal sueño
con la cama sudada

Desde allí sola siento
la brisa caliente de la tarde
como una boca saturada
de flores y miel vencida

Si el truco es preciso,
levantará el polvo y me cubrirá
entera como un beso limpio
de sincero futuro tácito

Otra mano estira ahora
sábanas nuevas y blancas,
pero yo no despierto

XXVI

Igual que pasa la luz de la mañana
denunciando el polvo suspendido,
se filtró en mí la claridad
dispuesta a señalar la duda
negligente y detenida

Suave y recta, vi flotar en ella
ansias sin huellas, y oí
la voz que me llamaba por un nombre
que yo no reconocía

Sin equilibrio casi me asomo
a mañanas más frescas
y me descubro sudando

Y veo ahora menguar tu sombra
y sé que pronto se hará de noche

XXVII

Como un niño arranca
el fruto del árbol y se esconde,
devoré mi tiempo que era tuyo
y por mí resbalaron palabras
e ideas de lluvia y tierra fértil

Sin aviso, el campo fue cal
y no pude evitar el asco
al ver mis uñas abrirse oscuras
de rebuscar entre una tierra
cada vez más borrosa, más seca

Los días traen ahora chispas
de color sepia y ceguera
Cosquillean y juegan, esperando
recuperar un sol que las mueva
Entrecierro los ojos para acariciarlas

XXVIII

En ti nacen las preguntas
que descomponen el tiempo:
una brisa limpia de palabras
que rasgan velos sin estrenar,
que lloran años sin lutos
y diseccionan costumbres
como si fueran animales

Una vez sin piel, la vida
parece infinita e inasible,
una fuente insondable
de deseos sin monedas,
un torrente de plegarias
con la frente agachada
de rodillas en la madera

Y siento el pulso en los brazos
y el olor del cartón como ayer
mientras te hago cada vez
más y más pequeño,
hasta que puedas caber
como un juego de niños
adornado en mi memoria

XXIX

En qué momento llegó
a la idea la inconsistencia
de bordes desgastados
para darme un descanso,
para estirarse en la arena

Cuándo se fue entre flores
mustias por exilios de plata
que ensayé para olvidarlas,
y volvió a ahuecar para mí
dos almohadas frescas

Y, sin embargo, por qué
esta tarde crea sombras
esclavas a la silueta
que mi mano dibujaba
y que ya no recuerda

XXX

Entre los pliegues del agua
he escondido tu voz
por si algún día, mis yemas
buscan en ella tu acento
en el fondo olvidado

Y estudiaré nuevas lenguas
con tal de recordarlo,
pero sabré que no es
ni el mismo ni otro,
sino prehistoria de cera
y museos sin cuadros

ÍNDICE

I. DULCES MÁRGENES

II. NUNCA SUPE HABLAR

III. A VECES TODAVÍA